国家出版基金项目
NATIONAL PUBLICATION FOUNDATION

记住乡愁
——留给孩子们的中国民俗文化

刘魁立 ◎ 主编

任双霞 ◎ 编著

第十辑 民间信俗辑

山川信俗

本辑主编 黄景春

黑龙江少年儿童出版社

编委会

序

  亲爱的小读者们，身为中国人，你们了解中华民族的民俗文化吗？如果有所了解的话，你们又了解多少呢？

  或许，你们认为熟知那些过去的事情是大人们的事，我们小孩儿不容易弄懂，也没必要弄懂那些事情。

  其实，传统民俗文化的内涵极为丰富，它既不神秘也不深奥，与每个人的关系十分密切，它随时随地围绕在我们身边，贯穿于整个人生的每一天。

  中华民族有很多传统节日，每逢节日都有一些传统民俗文化活动，比如端午节吃粽子，听大人们讲屈原为国为民愤投汨罗江的故事；八月中秋望着圆圆的明月，遐想嫦娥奔月、吴刚伐桂的传说，等等。

  我国是一个统一的多民族国家，有 56 个民族，每个民族都有丰富多彩的文化和风俗习惯，这些不同民族的民俗文化共同构筑了中国民俗文化。或许你们听说过藏族长篇史诗《格萨尔王传》

中格萨尔王的英雄气概、蒙古族智慧的化身——巴拉根仓的机智与诙谐、维吾尔族世界闻名的智者——阿凡提的睿智与幽默、壮族歌仙刘三姐的聪慧机敏与歌如泉涌……如果这些你们都有所了解，那就说明你们已经走进了中华民族传统民俗文化的王国。

你们也许看过京剧、木偶戏、皮影戏，看过踩高跷、耍龙灯，欣赏过威风锣鼓，这些都是我们中华民族为世界贡献的艺术珍品。你们或许也欣赏过中国古琴演奏，那是中华文化中的瑰宝。1977年9月5日美国发射的"旅行者1号"探测器上所载的向外太空传达人类声音的金光盘上面，就录制了我国古琴大师管平湖演奏的中国古琴名曲——《流水》。

北京天安门东西两侧设有太庙和社稷坛，那是旧时皇帝举行仪式祭祀祖先和祭祀谷神及土地的地方。另外，在北京城的南北东西四个方位建有天坛、地坛、日坛和月坛，这些地方曾经是皇帝率领百官祭拜天、地、日、月的神圣场所。这些仪式活动说明，我们中国人自古就认为自己是自然的组成部分，因而崇信自然、融入自然，与自然和谐相处。

如今民间仍保存的奉祀关公和妈祖的习俗，则体现了中国人崇尚仁义礼智信、进行自我道德教育的意愿，表达了祈望平安顺达和扶危救困的诉求。

小读者们，你们养过蚕宝宝吗？原产于中国的蚕，真称得上伟大的小生物。蚕宝宝的一生从芝麻粒儿大小的蚕卵算起，中间经历蚁蚕、蚕宝宝、结茧吐丝等过程，到破茧成蛾结束，总共四十余天，却能为我们贡献约一千米长的蚕丝。我国历史悠久的养蚕、丝绸织绣技术自西汉"丝绸之路"诞生那天起就成为东方文明的传播者和象征，为促进人类文明的发展做出了不可磨灭的贡献！

小读者们，你们到过烧造瓷器的窑口，见过工匠师傅们拉坯、上釉、烧窑吗？中国是瓷器的故乡，我们的陶瓷技艺同样为人类文明的发展做出了巨大贡献！中国的英文国名"China"，就是由英文"china"（瓷器）一词转义而来的。

中国的历法、二十四节气、珠算、中医知识体系，都是中华民族传统文化宝库中的珍品。

让我们深感骄傲的中国传统民俗文化博大精深、丰富多彩，课本中的内容是难以囊括的。每向这个领域多迈进一步，你们对历史的认知、对人生的感悟、对生活的热爱与奋斗就会更进一分。

作为中国人，无论你身在何处，那与生俱来的充满民族文化DNA的血液将伴随你的一生，乡音难改，乡情难忘，乡愁恒久。这是你的根，这是你的魂，这种民族文化的传统体现在你身上，是你身份的标识，也是我们作为中国人彼此认同的依据，它作为一种凝聚的力量，把我们整个中华民族大家庭紧紧地联系在一起。

《记住乡愁——留给孩子们的中国民俗文化》丛书，为小读者们全面介绍了传统民俗文化的丰富内容：包括民间史诗传说故事、传统民间节日、民间信仰、礼仪习俗、民间游戏、中国古代建筑技艺、民间手工艺……

各辑的主编、各册的作者，都是相关领域的专家。他们以适合儿童的文笔，选配大量图片，简约精当地介绍每一个专题，希望小读者们读来兴趣盎然、收获颇丰。

在你们阅读的过程中，也许你们的长辈会向你们说起他们曾经的往事，讲讲他们的"乡愁"。那时，你们也许会觉得生活充满了意趣。希望这套丛书能使你们更加珍爱中国的传统民俗文化，让你们为生为中国人而自豪，长大后为中华民族的伟大复兴做出自己的贡献！

亲爱的小读者们，祝你们健康快乐！

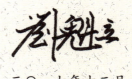

二〇一七年十二月

目　录

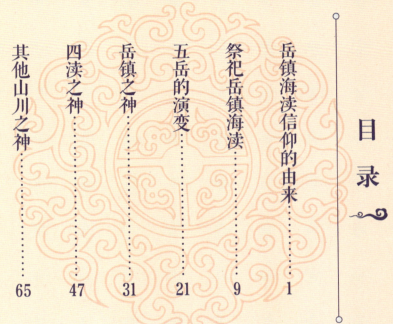

岳镇海渎信仰的由来

岳镇海渎信仰的由来

民间信仰是在长期的历史发展过程中，在民众中自发产生的一套神灵崇拜、观念、行为习惯及相应的仪式制度。我国传统的民间信仰是一个非常庞杂的多神系统。本书专门谈其中的山川信仰，即山神与河神。

山神与河神都是地方神。地方神是一个地方的守护神，是这个地方被人格化，并且以神的形象来接受香火和崇拜。虽然也有被天庭或者阴司委派的地方神如城隍等，但多数地方神，比如东海龙王和骊山老母，都属于人格化的自然神。

有些小的地方神是鬼神世界的基层办事员，在日常的生活空间里无处不在，有人活动的地方就有这些小神兢兢业业地执法，来守护和维持人间的秩序。城市里有城隍庙；村子里有土地庙，庙里端坐着土地公公和土地奶奶；守门的有神荼和郁垒这对门神；家里的灶王爷不仅是灶神，也是一家之主；就连厕所也有厕神紫姑来守护。这些小神在神仙班列里级别很低，却涉及我们起居行止的方方面面。而在更加阔远的空间范围里，有山神、河神、海神这样级别更高的地方行政"官员"神。他们坐镇一方，总管一个大

泰山岱庙天贶殿的巨幅壁画《泰山神启跸回銮图》（局部）

的区域，甚至全国某一方面的空间。比如东岳大帝坐镇泰山，在全国各地广有东岳庙作为行宫；四海龙王各自在自己的海域管理着海洋世界；河伯管理着绵延数千里的黄河主河道、支流以及沿岸区域。

文明肇始，先民对于不可理解、无法控制的自然力感到神秘，并深怀畏惧。"万物有灵论"是人类早期文明中对于超自然力的认识。"有灵"的自然神被人格化，即被赋予人的品格，甚至人的形象。既然人无法掌控自然力，先民们就以人际社会中的交往方式，试图以祭祀的方式与自然力沟通，希望神在收到礼物后能够顺遂人的心愿。人们以王侯的生活方式为模本来设想神灵的生活。以泰山神崇拜为例。在泰山脚下的岱庙天贶殿中有一幅《泰山神启跸回銮图》，图中泰山神的行止做派与俗世的王侯无异：泰山神端坐于四轮六马大辇之上，冕旒龙袍，端庄威严；泰山三郎与延禧真人各乘轿侍行；大辇四周文武百官前簇后拥。泰山神在天贶殿主政，他的妻子"淑明后"住在后面的寝宫。而泰山石敢当在"泰山石"这种自然物的基础上附加了泰山的神性与灵性，逐渐进化出人的形象，化为泰山的石头勇士，并衍生出名号籍贯，也是将自然物人格化的典型案例。

人们有意或无意地选择那些有能力、有担当或品行卓越的人来担当山川之神。在明代小说《封神演义》中，黄飞虎、崇黑虎、蒋雄、崔英、闻聘五人成了五岳之神，这些人都有赫赫战功，在老百姓眼里都是靠得住的英雄。他们作五岳之神，不仅是小说作者的选择，更是那个时代的群众集体意识的选择。

每个地方的人主要关注，甚至仅仅关注自己本地的神。因为别的地方神都遥不可及，而本地的神却可以直接左右本地人的祸福。比如山东泰山周边的老百姓会去泰山进香，而不会去遥远的华山进香；长江流域的居民祭祀长江之神，而不是千里之外的黄河之神。

《史记·封禅书》引《周官》说："天子祭天下名山大川，五岳视三公，四渎视诸侯，诸侯祭其疆内名山大川。四渎者，江河淮济也。"从周以来，天下的山川祭祀都是有等级、有规划的。

按照汉代经学家许慎的说法，所谓"岳"就是"王者之所以巡狩所至"。也就是说，帝王巡狩的大山都可以称为"岳"。在"九州""华夏"这样的政治地理框架内，"岳"首先是个政治地理概念，与疆域版图紧密相关。而且，这种政治地理有历代官方祭祀山川江海的一整套系统，统称"岳镇海渎"。岳是名山，镇是次等名山；渎是大江大河。在这个系统里，有"五岳四渎"和"五岳四镇"之说。

开始有文字记载的夏商周三代，政权中心都在黄河洛水之间。史学家吕思勉认为，文明肇始，泰山为中岳，后来华夏族在文明的中心西迁后才以嵩山为中岳。《尔雅·释地》也说"中有岱岳"，即泰山为中岳。

从周到汉，在山岳崇拜与国家祀典的体系里，五岳四镇并称。按照《周礼·职方氏》记载，九州之镇山如下表所示：

方位	九州	山名	岳／镇
东南	扬州	会稽山	镇
正南	荆州	衡山	南岳
河南	豫州	嵩山	中岳
正东	青州	沂山	镇
河东	兖州	岱山（即泰山）	东岳
正西	雍州	华山	西岳
东北	幽州	医巫闾山	镇
河北	冀州	霍山	镇
正北	并州	恒山	北岳

九座山中除泰山、嵩山、恒山、衡山、华山这五岳之外，其余四州之镇为会稽山、沂山、医巫闾山、霍山，所以有"五岳四镇"的称谓；但当时并没有明确地把东西南北四方与"镇"结合；秦汉以后大致沿袭这种称谓。汉武帝时曾以天柱山为南岳，天柱山亦称霍山。后世祀典中强调五岳四渎，而很少提及四镇。到了隋朝，对四镇的祭祀典礼变为五镇，即东镇沂山、西镇吴山、南镇会稽山、北镇医巫闾山、中镇霍山。

唐玄宗时为五岳封王，五镇封公，如下表：

帝王世系纪年	公元纪年	岳／镇	山之神	封号
唐玄宗先天二年	713 年		华岳神	金天王
唐玄宗开元十三年	725 年		泰山神	天齐王
唐玄宗天宝五年	746 年	五岳	中岳神	中天王
			南岳神	司天王
			北岳神	安天王
唐玄宗天宝十年	751 年	五镇	沂山神	东安公
			会稽山神	永兴公
			吴岳山神	成德公
			霍山神	应圣公
			医巫闾山神	广宁公

及至宋代，封五岳为帝，封五镇为王，并封山神夫人为后；元代则在宋朝对五镇封两字王的基础上，加封为四字王，如下表：

帝王世系纪年	公元纪年	岳／镇	山之神	尊号
宋真宗大中祥符四年	1011 年	五岳	华岳神	金天顺圣帝
			东岳神	天齐仁圣帝
			中岳神	中天崇圣帝
			南岳神	司天昭圣帝
			北岳神	安天元圣帝
宋徽宗政和三年	1113 年	五镇	沂山神	东安王
			会稽山神	永济王
			吴岳山神	成德王
			霍山神	应灵王
			医巫闾山神	广宁王
元成宗大德二年	1298 年	五镇	沂山神	元德东安王
			会稽山神	昭德顺应王
			吴岳山神	成德永靖王
			霍山神	崇德应灵王
			医巫闾山神	贞德广宁王

明洪武三年（1370 年），明太祖朱元璋去其前代封号，以五岳、五镇、四海、四渎这些山川的本名称之为某某之神，比如"东岳泰山之神""东镇沂山之神"。

祭祀岳镇海渎

| 祭祀岳镇海渎 |

一、望祭与封禅

在先秦时期，大山大川都是各国的"望"，即疆域的地标，山川之祭为"望祭"。各国皆有自己的"望"，不会也不可能越界去祭祀别国的"望"。《左传》中记载，楚昭王生病了，卜者认为，是黄河河神作祟，应该去祭祀黄河，但楚昭王说："自从楚国立国，就以长江、汉水为望，黄河在我们境外，管不了这么远！"

《周礼》说，若是国家有大事，"则旅上帝及四望"。四望即"当四向，望，而为坛遥祭之"。山川的望祭，按照周礼则四望，按照鲁礼则三望：泰山、黄河、东海。（《公羊传》记载："三望者何？望祭也。然则曷祭？祭泰山、河、海。"）

诸侯祭祀自己境内的山川则没有定数。天下统一，有帝王做"共主"的时代，帝王就将侯国之望扩展到帝国之望，到他们所认为的最高的山头，最有影响力的地标性山川去祭神，这就是"封禅"。封禅泰山，是所有登封望祭仪式中最隆重、最繁复、最耗费财力的。

泰山作为齐鲁两国的分界线，在古人看来，是拔地通天的高山。孔子说："登泰山而小天下。"《公羊传》

解释说，为什么要祭祀泰山呢？因为能润泽百里的山川江海，天子都要尊重并且祭祀之；云气碰到峰峦便聚合成雨，于是很快天下就普降甘霖的，舍泰山其谁呢？因此，泰山也是最早确立的"岳"，封禅就成了对泰山的祭祀。在泰山上筑土为坛以祭天，报天之功，叫作"封"；在泰山下的小山上除地，报地之功，叫作"禅"。

在秦皇汉武封禅之前，

历史上的封禅都语焉不详。《管子·封禅篇》中谈到，齐桓公称霸后，在葵丘与诸侯会盟，想行封禅之礼。管仲抗议说："从前封泰山、禅梁父的有七十二个帝王，我只记得十二个。从无怀氏、伏羲、神农乃至周成王，都是受命之后才行封禅之礼的。他们那时候，嘉谷不种而生，凤凰不请自来，在东海得到比目鱼，在西海得到比翼鸟，还有十五种不召自

| 泰山孔子小天下处 |

至的祥瑞，然后才有资格行封禅之礼。"齐桓公这才知难而退。

封禅说和五德终始说都出于齐人，目的是一样的。封禅说希望受命的天子得到符应，即天子是有天命正统的；五德终始说希望天子定出制度。这两种学说融合后，希望天子去泰山祭告天地，并履行天命。

秦始皇是接受齐学的急先锋，也是封禅说和五德终始说的忠实践行者。秦始皇以黑龙出世作为他受天命的祥瑞，即上天以黑龙出世作为神意，授意他行封禅之礼。登基三年后，他巡狩四境，随行的齐鲁博士儒生七十人。到了泰山脚下，秦始皇欲行封禅之礼，可是儒生博士都众议纷纭，莫衷一是，

没人说得出具体可以遵循的封禅旧制。秦始皇斥退儒生，自行上泰山顶行封礼，到梁父山去行禅礼。秦始皇走到半山腰时，遭遇风雨。儒生们无缘参与典礼，就聚众暗中嘲笑他。即使这件事不是后来秦始皇焚书坑儒的直接原因，也是儒生们惹怒秦始皇的事件之一。秦二世胡亥也曾封祭泰山，并留下刻石。

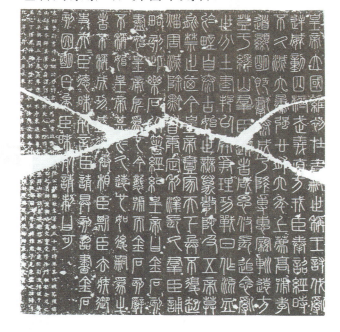

| 峄山刻石　秦始皇二十八年东巡时所刻，其内容为歌颂秦始皇的功绩 |

到汉武帝时，方士申生劝解说，封禅会使人白日飞升，而历代所传说的封禅过的七十二帝王，其实只有黄帝真正完成了封禅仪式，所以他能乘龙上天。汉武帝狩猎时得到纯白的独角之兽，大家猜是麒麟；后来在汾阳得到一个大鼎。麒麟和大鼎都是祥瑞，是汉武帝得到上天授意为天子的象征。公元前110年，汉武帝在泰山封禅。封禅是一件经天纬地的历史大事，但司马迁的父亲司马谈因病未能随行，作为太史官，他终生遗憾，临终前他"执迁手泣"，悲叹："今天子接千岁之统，封泰山，而余不得从行，是命也夫！"从史官的态度上，封禅的重要性可见一斑。汉武帝共七次登封泰山。

宋真宗封禅泰山是历代帝王的最后一次封禅。后世

会当凌绝顶，一览众山小

史学家说宋真宗"装神弄鬼"，这场封禅是"一场闹剧"。澶渊之盟后，宋真宗深以为耻。大学士王钦若主张，只有封禅泰山才能一举扭转颓势，镇抚四海，夸示外邦。而封禅的先决条件之一是出现"祥瑞"。朝臣们揣摩圣意，心领神会，配合真宗制造出一个祥瑞：神降天书《大中祥符》三卷，并因此改年号为"大中祥符"。宋真宗讲述了一个天神托梦授书的故事，来增加祥瑞的可信度。兖州知州率千余人赴京上表，称天降祥瑞是封禅泰山之机；后来又有数次社会各界广泛动员、多达万人的封禅请愿。

大中祥符元年（1008年）十月初四，以玉辂所载的天书为前导，宋真宗亲率文武百官从京城汴梁（今河南开封）出发，历经十七天到达泰山。仪仗、士卒、旗帜从山下排到山上。斋戒三日后，宋真宗头戴通天冠，身着绛纱袍，乘金辂登临南天门拜谒岱顶神庙，次日在泰山上封祭昊天上帝及五方诸神，

|泰山日出|

在社首山祭祀地祇，仪礼隆重而繁复。最后，登上朝觐台，接受百官、外国使团及僧俗各界民众朝贺。宋真宗给百官进秩升级并大赦全国大宴天下。因为宋真宗好大喜功，喜欢封禅这种表演性的仪式，此后各地不断涌现迎合他的请愿团，以遍地开花的各种祥瑞为名，动不动就数万人请愿。在"民愿"之下，宋真宗先后率众祭祀后土神，给五岳、老子、历代先皇加尊号，并在各地大兴土木营造道教宫观。

除上述封禅泰山的活动外，历代有名的祭祀泰山仪式如下：东汉光武帝曾封泰山、禅梁父山；东汉章帝、安帝均柴祭泰山、祠明堂；隋文帝设祭泰山；唐高宗、玄宗封泰山、禅社首山；清圣祖两次登封泰山，清高宗则十次到泰山祭祀。唐代武则天称帝时，曾封禅嵩山。

二、庙祭与祠祭

秦代定都在咸阳，五岳都在咸阳之东。秦始皇令祠官重新整顿天下名山大川的秩序，封了十二座名山，咸阳居于它们中间。但汉代在对全国地方性的文化及宗教的整理中，选择了地处政权中心的五岳四渎。汉宣帝神爵元年颁布诏书，认为百川直达江海，应该设庙祭祀，分四时来祭祀江海洛水，祈祷天下丰年。这份诏书还规定了山川在官方祀典中的规格，即五岳四渎中，"唯泰山与（黄）河岁五祠，江水四，余皆一祷而三祠云"。祭祀的方式是"皆使者持节侍祠"。从此后，祭祀五岳四渎成了常礼。

唐代的五岳、四镇、四海、四渎，每年祭祀一次，各以五个方位在郊野迎气之日祭之。祭祀中，由所在地界的都督刺史担任祀典的礼官，祭祀中的牺牲使用高规格的"太牢"，另外竹制食器笾和木制食器豆做容器的祭品各有四样。

历代对岳镇海渎的祭祀地点如下表所示：

方位	祭祀时间	岳镇海渎	汉代	唐代	宋代	金代
东	立春	东岳泰山	博	兖州		泰安州
		东镇沂山		沂州		益都府
		东海		莱州		
		东渎大淮	平氏	唐州		
南	立夏	南岳衡山	（灊山）用腄	衡州		河南府
		南镇会稽山		越州		
		南海	广州			莱州
		南渎大江	江都	益州	成都府	

中西	土王日 立秋	中岳嵩山	嵩高	洛州	河南府
		中镇霍山		晋州	
		西岳华山	华阴	华州	
		西镇吴山		陇州	
		西海		同州	河中府
		西渎大河	临晋		
北	立冬	北岳恒山	（常山）曲阳	定州	洛州	定州
		北镇医巫闾山		营州		广宁府
		北海		洛州	孟州
		北渎大济	临邑	洛州	

沂山东镇庙元碑

唐末到宋初战乱频仍，岳镇海渎例行的祭祀中，时常缺失某些祭祀典礼，直到北宋太平兴国年间才逐渐恢复。国家按五郊迎气之日，以岳镇海渎所在的州为单位，来祭祀岳镇海渎。金代沿袭唐宋以来的礼制，以四立（立春、立夏、立秋、立冬）、土王日在岳镇海渎本庙致祭，对于那些不在州内的，则遥祀。宋代给四渎上尊号：（长）江为广源王，黄（河）为显圣灵源王，淮（河）为长源王，济（水）为清源王。

元代从中统二年（1261年）开始，共分五道来祭祀岳镇海渎，其中东岳与东镇、东海、北镇为东道。元代遣祭官的身份前后曾有三次变化，先是蒙古官，再以道士代祀、汉官副之，后选名儒及道士。

元明之际，岳镇海渎祀礼废弛，明初恢复。洪武三年（1370年）朱元璋去掉山川封号，沂山东镇庙现存《明洪武三年明太祖诏定岳镇海渎神号碑》记载了这件事。朱元璋的根据是，岳镇海渎都是"自天地开辟以至于今，英灵之气萃而为神，必皆受命于上帝，幽微莫测，岂国家封号之所可加？"因此，

历代给岳镇海渎加尊号，算是"渎礼不经，莫此为甚"。他诏定依古定制，全部去掉前代所封岳镇海渎名号，只以山水本名来称呼其神。明初天下初定，岳镇海渎的祭祀仪式简陋，只"以岳渎诸神合祭城南，未有专祀。又享祀之所，屋而不坛"。礼官认为，这样对神不敬，整改后的祭祀仪式恭谨庄重。朱元璋钦点十八位官员，并亲自签名及交托祭品，由文武百官恭送使者前去主持祭祀岳镇海渎。

清代明以后，沿袭历代礼制，继续祭祀岳镇海渎。顺治元年（1644年），在地坛祭祀岳镇海渎和其他名山大川。顺治三年（1646年）开始遣使祭祀：定北镇、北海合遣一人，东岳、东镇、

东海一人，西岳、西镇、江渎一人，中岳、淮渎、济渎一人，北岳、中镇、西海、河渎一人，南镇、南海一人，南岳专遣一人。祭祀的程序很庄严，祭祀的礼官先斋戒一日，行二跪六拜礼后，再行三献礼。康熙元年（1662年），遣使致祭岳镇海渎的传统被废除，直到康熙三十五年（1696年）才再次恢复。

在中原文化圈，五岳四渎获得了在广大区域的"总代理人"的权威，拥有多方面的神职和神权，因此使得周边的小山神、小河神相形之下黯然失色，由国家从上而下完成了山川信仰的地区垄断和职司垄断。在国家山川祀典制度基本确立之后，五岳四渎就像磁铁一样吸引了信众和香火。香火、信徒和国家认可等这些信仰资源是有限的固定额度，要在山川类的空间诸神群落里分配，所以大山大川祭祀越受肯定和重视，地方山川小神得到的香火就越稀少。

五岳的演变

| 五岳的演变 |

山是地理意义上的地标，但我们要谈的是在文化、宗教乃至心灵意义上的山岳。山是人活动区域的边界，也是从小世界到更广阔的大世界的连接点，从人的世界到神仙世界的通天之阶。对于山的崇拜传统可谓久远。自古就有由国君或者朝廷派人祭祀境内位置重要、形态险峻的大山，祈求国泰年丰、宗室安定、战争胜利的传统。在早期的文明中，大山崇拜在各地非常普遍，各地都祭祀自己的大山（或称"太山"）。先秦时期，各国分别有自己的"太山"，例如秦国有"华太山"，赵国有"霍太山"。

据《礼记·王制》载：

| 河南郑州中岳庙 |

"天子祭天下名山大川，五岳视三公，四渎视诸侯。诸侯祭名山大川之在其地者。"《史记·封禅书》记载，天子五年一巡狩，视察疆域内的领地，并祭祀山川鬼神，在大山举行封禅大典，即在山顶燔柴祭天，在山下封土祭地。大山就是帝王与天地鬼神沟通的场所。

"五岳"一词始见于《周礼·春官·大宗伯》："以血祭祭社稷、五祀、五岳。"按《尔雅》和《周礼》记载，五岳系统在周代已初步成型，已有"岱恒华衡嵩"的五岳体系。五岳是远古山神崇拜、五行观念和帝王封禅相结合的产物。五岳成为定数大概是受到邹衍的五德终始说的影响，认为金、木、水、火、土这五种德行周而复始地运转。后来五行观念又糅合了五方、五色的观念，即金、木、水、火、土五行分别与东南西北中五种方位以及青赤白黑黄五种颜色相对应，以中原为中心，按东、南、西、北、中方位命名。东岳泰山属木，颜色为青色；南岳衡山属火，颜色为红色；西岳华山属金，颜色为白色；北岳恒山属水，颜色为黑色；中岳嵩山属土，颜色为黄色。

俗话说，"五岳归来不看山"。五岳作为华夏名山之首，有景观和文化双重意义，是华夏大地上某个大区域的地标，各有优长：泰山之雄，华山之险，衡山之秀，恒山之奇，嵩山之峻。

东汉时应劭所著的《风俗通义·山泽》中，五岳的体系非常明晰：

泰山被尊曰岱宗，为五岳之首，是因为"泰山岩岩，鲁邦所瞻"，泰山是鲁国最高的山；而且泰山也是阴阳交泰之处，"云触石而出，肤寸而合，不崇朝而遍雨天下，其惟泰山乎！"泰山很早就被选中作为祭告天地的场所：王者即位，"功成封禅，以告天地"。岱宗庙在博县西北三十里，由"山虞长"值守。

南方衡山，一名霍。霍者、万物盛长，垂枝布叶，霍然而大。庙在庐江灊县。

西方华山。华者华也，万物滋熟，变华于西方也。庙在弘农华阴县。

北方恒山。恒者常也，万物伏藏于北方有常也。庙在中山上曲阳县。

中央曰嵩高。嵩者高也。《诗》云："嵩高惟岳，峻极于天。"庙在颍川阳城县。

"五岳"应该是先有概念，后来才有确指的山。早

华阴西岳庙

期的"五岳"是个变动的概念。汉代之前，除泰山以外，其他的"岳"是哪座山并不确定。五岳具体山名见诸文字并得到官方确认是在秦汉时期。《尔雅·释山》记载了五岳分别为"岱（泰）山、霍山、华山、恒山、嵩高（嵩山）"。其中的霍山又称衡山。

今天作为五岳之首的泰山之"泰"字通假"太"或"大"，泰山就是黄淮海平原上的大山。据《汉书·郊祀志》，汉宣帝时正式确定东岳为泰山、西岳为华山、南岳为霍山（即衡山）、北岳为常山（即恒山）、中岳为嵩山。到东汉时，五岳已经成为一种文化共识。郑玄对《周礼》的注释说："五岳，东岳曰岱宗、南岳曰衡山、西岳曰华山、北岳曰恒山、中岳曰嵩山。"但是，历史上所谓的北岳恒山和南岳衡山所指代的并非今天的山西恒山和湖南衡山。清朝以前，北岳恒山都是指河北曲阳的大茂山；隋朝之前，南岳衡山旧指安徽的天柱山。

五岳系统作为政治地理概念，最合乎理想的版本便是五岳作为疆域的地标，恰巧与国家政治版图相对应：中岳接近都城，四岳各在四方。秦始皇登基后巡狩，祭祀天下名山大川，但是秦都咸阳却在五岳之外，地标性的五岳四渎都在咸阳以东。于是秦始皇在咸阳以东选择了五座名山——嵩山、恒山、泰山、会稽、湘山；又选了华山及以西的薄山、岳山、岐山、吴岳、鸿冢、渎山（蜀地的汶山）为西部七座名山。

并将其中的岐山以"岳"名之。秦始皇通过整顿山川新秩序，实现了"天子居天下之中"，以此证明秦政权的合法性。

但是，汉代及后世未能延续这种山川祭祀的格局。北方中原王朝都面临与秦始皇一样的问题，即都城与五岳的关系不理想。只有两个整改方案：迁都或者改岳。

到汉武帝时期，天下名山又经过一番整理。方士申生说，天下名山，有三个在蛮夷，五个在中原，这五个在中原的名山分别是华山、首山、太室山、泰山和东莱山。而这些山与汉代辽阔的疆域相比，分布既不平均也不理想。于是汉武帝规定，太室山为中岳，泰山为东岳，安徽的天柱山为南岳，华山为西岳，河北的恒山为北岳。五岳的说法很多，汉代的这个"修订版"，历代以来，是最为世人公认的。

北魏都城平城在"恒山以北、九州之外"，孝文帝将都城迁到洛阳，以迁都来"迁就"五岳所在地理位置。金代封长白山为兴国灵应王，称长白山为"我旧邦之镇"；对于金政权在政治上有重要意义的小山岭，比如麻达葛山，也被封为"瑞圣公"。清圣祖亲自撰文力证"泰山龙脉自长白山来"，

南岳衡山

也是非常著名的政治地理事件。这篇文章的目的很明显：泰山作为"五岳至尊"拥有公认的权威，若泰山来自于满洲人发迹的长白山，则长白山以及满洲政权的合法性、正统性也就不言而喻了。

五岳之间的地位不平等，绝非彼此相互平行的关系。泰山作为"岳"的地位，被历代统一王朝所公认，历史上的封禅大典也以泰山最为密集。其他四岳中，除嵩山曾被作为中岳而在武则天时代有过封禅大典，衡恒华诸山在历代得到的政治关注度都不及泰山。直到如今，泰山仍是五岳至尊，五岳之首。汉武帝之后中国历代皇帝都对五岳不断加封，唐代把五岳封为王，宋代加封为帝，元代继续加封为帝，到了明代更被加封为神。泰山作为山"五岳独尊"；泰山神作为山神，也在五岳神中地位超然，东岳行宫遍布全国。

"五岳"一直带有浓厚的政治色彩，历来跟国家疆域中心相对应。不同地域的政权，多以本地的山作为地望，是这个政权的"岳"。汉代齐人公孙卿将胶东半岛的东莱山也视为天下名山之一。一些地方割据政权也曾以自己的视角在其版图内分封过五岳。三国时，东吴的孙皓封离墨山为中岳，改名国山，并刻《国山碑》；又封荆南山为南岳。唐朝时，南诏称云南的苍山为中岳、乌蒙山为东岳、无量山为南岳、高黎贡山为西岳，玉龙雪山为北岳。五代十国时期，闽帝王延均封福建的霍童山为东岳，高盖山为西岳。因受中国文化的影响，古代朝鲜也封过五岳。

道教创立以后，继续将五岳神化，认为五岳乃神仙居住之地。《月令广义·图说·五岳真形图》中罗列了五岳之神及其职司：

泰山乃天帝之孙，群灵之府，为五岳祖，主掌人间生死贵贱修短；

衡山主掌星象分野，水族鱼龙；

嵩岳主掌土地山川，牛羊食唤；

华岳主掌金银铜铁，飞走蠢动；

恒岳主掌江河淮济，四足负荷等事。

道教将东岳称为蓬玄太空洞天，南岳称为朱陵太虚洞天，西岳称为太极总仙洞天，北岳称为太乙总玄洞天，中岳称为上圣司真洞天。晋朝的道士葛洪在《枕中书》中融合了五行、五方及五色：

木代表东方，青色，太昊为青帝，治东岳岱宗山，即

五岳真形图

泰山；

火代表南方，赤色，祝融为赤帝，治南岳衡霍山，即天柱山；

金代表西方，白色，金天氏为白帝，治西岳华阴山，即华山；

水代表北方，黑色，颛顼为黑帝，治北岳太恒山，即恒山；

土代表中央，黄色，轩辕氏为黄帝，治中岳嵩高山，即嵩山。

在《云笈七签》中，道教以五岳为体系，整理天下名山，将五岳体系与黄帝传说编织在一起。黄帝与蚩尤在涿鹿之野大战，胜利后到四境视察。发现东西北中四岳都有辅佐的山，而南岳孤立无援。就命令霍山、潜山辅佐南岳。道教以其圣地青城山作为五岳的上司，来统领五岳。

东岳泰山神是百鬼之主帅，群山之首，领群神五千九百人，主治死生。精怪及人死后的鬼魂，都要到泰山考评其功德和罪过。泰山神穿青袍，戴苍碧七称之冠，佩通阳太平之印，乘青龙；南岳衡山神领仙七万七百人，穿红袍，乘赤龙；中岳嵩山神，领仙官玉女三万人，穿黄袍，乘黄龙；西岳华山神领仙官玉女四千一百人，穿白袍，乘白龙；北岳恒山神领仙人玉女七千人，穿黑袍，乘黑龙。后世谈及除泰山神之外的四岳神形象，大多出于此。

岳镇之神

| 岳镇之神 |

一、东岳大帝与碧霞元君

泰山自古为"峻极之地"。平坦的黄淮海平原上，泰山拔地而起，有通天之势。主峰突兀，山势险峻，峰峦层叠，群峰拱岱，登山顶则"一览众山小""登泰山而小天下"。泰山多松柏，更显其庄严、巍峨、葱郁；又多溪泉，故而不乏灵秀与

五岳独尊

缠绵；缥缈变幻的云雾则使它平添了几分神秘与深奥，宛若一幅天然的山水画卷；就其人文景观而言，从泰城西南祭地的社首山、蒿里山至告天的玉皇顶，形成"地府""人间""天堂"三重空间。岱庙是山下泰城中轴线上的主体建筑，前连通天街，后接盘道，形成山城一体。由此步步登高，渐入佳境，由"人间"进入"天庭仙界"。"天高不可及，于泰山上立封禅而祭之，冀近神灵也。"

在先秦，泰山不仅是鲁国一国的"地望"，也是天下名山。在前文已经叙述过封禅泰山相关内容，在此不再赘述。《三教源流搜神大全》上说："泰山者，乃群山之祖，五岳之宗，天帝之孙，神灵之府也！"泰山神一直是国家祀典中重要的山川之神。

汉魏时期，泰山神被称为"泰山府君"。

唐垂拱二年（686 年）封东岳为"神岳天中王"。

武周万岁通天元年（696 年）又尊封为"天齐君"。

唐开元十三年（725 年）封泰山神为"天齐王"。

宋大中祥符元年（1008 年），封东岳为"天齐仁圣王"。

宋大中祥符四年（1011 年）加封尊号为"东岳天齐仁圣帝"。

金代乃至元代，对泰山之神，均在"东岳天齐仁圣帝"基础上加尊号，以荣神之威势。

清代学者顾炎武提出，

"考泰山之故,仙论起于周末,鬼论起于汉末。"据《岱史》上说,泰山神是天帝之孙,泰山是群灵之府,主世间人的官职、生死、贵贱等事。汉魏年间,世人认为泰山治鬼,是管辖鬼魂的地方。《后汉书·乌桓传》上说:"其俗谓人死,则神游赤山,如中国人死者魂归岱山。"汉乐府诗《怨诗行》中更有如下诗句:"齐度游四方,各系泰山录。人间乐未央,忽然归东岳。"

到明代,泰山主管阴司之说已经成为一种"共识"。在明代及以后出现的东岳庙里,偏殿常常奉祀十殿阎罗。传说泰山神被封为泰山元帅,"掌人间居民贵贱高下之分,禄科长短之事,十八地狱六案簿籍,七十五司生死之期"。还有一种说法:佛教的阎罗与泰山神主管阴司的信仰融合后,泰山神也被称为第七殿阎罗。

清代学者俞樾认为,泰山神既管神仙也管鬼魂;泰山既是天主又是地主，这两层含义都跟封禅有关。历代帝王在此报天，这是"天主"说的来源；历代帝王在此祭地，是"地主"说的来源。而死者魂归泰山，就是归于地主。在泰山周边，至今仍有阴司信仰和阴司庙。

现在的岱庙在泰山脚下，是祭祀东岳大帝的场所。跟其他的岳神不同，东岳大帝不仅在泰山接受每年一度、由本州地方官主祭的祭祀和香火，在全国各市镇也广有奉祀泰山神的东岳庙，俗称"东岳行宫"，这些东岳庙一年四季香火不断。农历三月二十八日是东岳大帝的神诞，东岳庙中的祭祀祝祷活动尤其隆重。

泰山女神碧霞元君，尊号为"天仙玉女碧霞元君"，俗称"泰山老奶奶"，在全国庙宇广布，香火旺盛。与

│泰山极顶上的碧霞祠│

进入国家祀典的东岳神相比，碧霞元君是"准正祀"，在明清两朝，国家虽未颁布祭祀典章，但多次遣使祭祀。碧霞元君信仰的兴起可追溯到宋朝的"天仙玉女"。农历四月十八碧霞元君诞辰前后成为重要的庙会节期，善男信女参加"香社"，登泰山朝山进香。记载香客们进香事迹的香社碑在泰山随处可见。

在泰山，奉祀碧霞元君的祠庙有三：泰山极顶的上庙碧霞祠，泰山中路登山盘道起点的中庙红门宫和泰山脚下的下庙灵应宫。碧霞祠原名昭真祠，初建于宋朝，明代改名碧霞灵应宫（或碧霞灵佑宫），清代重修后改称碧霞祠。碧霞祠以山门和香亭为中轴，左右对称，南低北高，建筑参差错落，宏伟壮丽。正殿内是碧霞元君贴金铜坐像，凤冠霞帔，正大仙容。碧霞祠的东西配殿分别奉祀眼光奶奶和送子娘娘两位女神。对朝山进香的香客们来说，碧霞元君不仅仅是泰山山神，更重要的意义上，是女性的保护神。

到明清时期，碧霞元君信仰扩展到了全国，据《帝京景物略》记载："后祠日加广，香火自邹鲁齐秦以至晋冀，祠在北京者，称泰山顶上天仙圣母。"碧霞元君的行宫遍布全国，在北方尤其常见。妙峰山是北京以及河北等地碧霞元君信仰的中心。民国时期，顾颉刚等学者关注妙峰山香会，并进行了田野调查。

二、南岳大帝

南岳曾是今安徽的南岳山，当时也称霍山。从隋文帝开始，衡山成为南岳。五岳之中唯独衡山雄踞南方。《述异记》称南岳是盘古左臂变成的。因它位处二十八宿的轸星之翼，"度应玑衡"，像衡器一样，可以称量天地的轻重，能够"铨德钧物"，所以定名衡山。又因轸星旁有一小星，曰"长沙星"，这颗星主管人间寿命，而衡山古属长沙。借名申义，所以衡山有"寿岳"之称。后人祝寿时常用的"寿比南山"，就是从衡山借喻的。清人魏源《衡岳吟》中说："恒山如行，泰山如坐，华山如立，嵩山如卧，惟有南岳独如飞。"

关于南岳大帝的来历和姓名，说法不一，影响较大的有伯益、祝融和《封神演义》中的崇黑虎。伯益是追随大禹治水的上古大臣，他成为南岳之神后，主管"世界分野之地，兼督鳞甲水族变化等事"。因为南岳所处南方，五行属火，所以后人将炎帝和火神祝融附会到南岳神。衡山上有山峰名为祝融峰。南岳之神"服朱光之袍，九丹日精之冠，佩夜光天真之印，乘赤龙，领神仙七万七百人"。

唐玄宗时，封南岳大帝为"司天王"，宋真宗时追尊号曰"司天昭圣帝"，以景明皇后配祀。霍山作为南岳之神的储君，是南岳的副神；潜山也是南岳的储君，是南岳的第二副神，辅佐南岳处理政事。

三、西岳大帝

华山奇雄险峻，为五岳之西岳。华山北临坦荡的渭河平原和咆哮的黄河，南依秦岭，雄踞关中平原东部陕晋豫三省交汇处，南峰落雁、东峰朝阳、西峰莲花、北峰云台、中峰玉女五峰环峙，高擎天空，"远而望之若花状"，故有其名。五帝时称"太华"，夏商时称"西岳"，雅称"华岳"。"自古华山一条路"，险居五岳之首，

唐朝诗人张乔写道："谁将倚天剑，削出倚天峰？"魏晋南北朝时，还没有通向华山峰顶的道路。《水经·渭水注》载："其高五千仞，削成四方，远而望之，又若花状。"古代"花""华"二字通用，故"华山"即"花

|华山|

陈璐 摄

山"。《白虎通义》载："西方为华山，少阴用事，万物生华，故曰华山。"

传说华山是轩辕黄帝会见群仙的地方。《史记》载，黄帝、虞舜都曾到华山巡狩。由于华山险峻，历代君王祭西岳，都在山下西岳庙中举行大典。据记载，秦昭王时命工匠施钩搭梯攀上华山。秦始皇首祭华山，汉唐以来，封号递增，愈演愈烈，汉武帝敕修西岳庙前身集灵宫；汉元延二年（前11年），汉成帝巡幸河东，涉西岳而归。唐武德二年（619年），唐高祖大猎于华山；是年，唐高祖送李世民东征祭山；唐上元元年（674年），唐高宗较猎于华山下曲武原；其中尤以唐玄宗以华山为本命，封华山神少昊为金天王为最。

华山
陈璐 摄

唐天宝九年（750年），群臣请奏封禅西岳，唐玄宗命人开凿华山路，设立坛场。宋太祖赵匡胤与华山道士陈抟来往密切，得道治天下；明太祖朱元璋梦游西岳，定华山名号；清朝从顺治年间一直到光绪年间祭祀不断。

由于华山位于中国版图的最中央，所以又称"中华山"。中华山周边聚居的民族又称"中华山民族"。这一成果首先被清末的革命家所引用，创立新政权时，命名为"中华民国"。

华山神的来历，说法不一。一说为皋陶，"主管世界珍宝五金之属，陶铸坑冶，兼羽毛飞禽之类"；一说为少昊，"上应井鬼之精，下镇秦之分野"。西岳大帝的形象是"服白袍，戴太初九旈之冠，佩开天通真之印，乘白龙，领仙官玉女四千一百人"。宋大中祥符年间，加尊号为"金天顺圣帝"，配祀肃明后。

四、北岳大帝

在清代顺治朝以前，北岳指河北大茂山；顺治后，北岳即指山西恒山。传说北岳本来就是山西的恒山，舜去祭扫时，走到河北曲阳的大茂山，天降大雪，北去难行，同时又有飞沙走石阻断后路，于是舜就遵照天意，在大茂山行北岳祭扫之礼。后人在曲阳建庙，将大茂山作为北岳恒山来祭祀。

唐代北岳神的尊号是"安天王"，宋大中祥符年间，加尊号为"安天元圣帝"，后来又加尊号为"安天大贞元圣帝"，配祀靖明后。北岳大帝的姓名，说法不一。有几个说法影响较大：黑帝颛顼；恒山神登僧；恒山将军莫惠；恒山君伏通萌。《恒岳志》称："北岳恒山，以天涯、崆峒二山为副。岳神姓晨讳萼。"《历代神仙通鉴》称："契乃北岳转世，今为郁微洞元无极真君。"北岳大帝的神职是"主于世界江河淮济，兼虎豹走兽之类、蛇虺昆虫等属"。据《云笈七签》载，北岳大帝的形象为"服元流之袍，戴太真冥冥之冠，佩长津悟真之印，乘黑龙，领仙人玉女七千人"。

五、中岳大帝

中岳嵩山是一系列山脉的总称，绵亘六十多公里，中为峻极峰，东为太室山，西为少室山。在《诗经·大雅》中，峻极峰有"嵩高维岳，峻极于天"之称。明代的旅行家徐霞客赞誉太室山雄厉挺秀，少室山则嶙峋陡峭。在西周前时，嵩山有别名外方山、崇山、高山，西周时称岳山，春秋时名为大室山。因其邻近洛水和古都洛阳，处于先秦政权的核心地带，在五岳中地位较高，很早就获得历代统治者尊崇。

《中岳嵩山太室石阙铭》载：

> 嵩高神君，岱气最纯。
> 春生万物，肤寸起云。
> 并天四海，莫不蒙思。
> 圣朝肃敬，众庶所尊。

……

武则天垂拱四年（688年），改嵩山为神岳，授天中王；唐玄宗时，授中天王，宋真宗时尊为中天崇圣帝，配祀正明后；元时加尊号为中天大宁崇圣帝。

中岳大帝的名讳说法不一。嵩山君神，姓春名选群；嵩山将军，姓石名玄；嵩山神姓浑讳善。中岳大帝"主世界土地山川陵谷，兼牛羊食稻。"《无上秘要》则认为中岳嵩山君，姓角讳普生。尽管究竟谁是嵩山神尚有争议，但关于这几位嵩山神的穿着打扮的说法都非常相似，都是身穿黄袍。据《云笈七签》载，中岳大帝的形象为"服黄素之袍，戴黄玉太乙之冠，佩神宗阳和之印，乘黄龙，从群官"。

六、五镇之神

在"岳镇海渎"的山川祭祀体系里，五镇分别是东镇沂山，西镇吴山，南镇会稽山；中镇霍山和北镇医巫闾山。

东镇沂山为沂蒙山主脉之一，在山东临朐与沂水交界处，旧名"东泰山"，又称"东小泰山"，其主峰是玉皇顶。沂山被赞誉为："岱岳西来海向东，屹然方镇一何雄。"沂山的历史非常悠久，被尊为五镇之首，因其位于我国东方，故被称为东镇。据《周礼·夏宫·职方氏》中载："青州其山镇曰沂山。"

相传黄帝东巡至海，并封禅东泰山（今沂山）。隋开皇十四年（594年）下诏建立东镇祠，开皇十六年（596年）敕令修造沂山神庙。唐时加尊号为东安公；宋初沿用东安公尊号，后加尊号为东安王；金时继续沿用尊号东安王；元时加尊号为元德东安王；明时尊号为东镇沂山之神；清时被尊为东镇大帝。

东镇庙前有圣水桥和汉白玉华表，庙门月台两侧台阶为十六级，寓意历史上有十六位帝王登封和诏祭沂山。庙门为三山门，中轴线有供奉东镇神的东安王殿及配寝宫。

西镇吴山又称为"吴岳"，在今陕西宝鸡；以镇西峰、会仙峰著称。周秦帝王封之为西岳，曾被誉为天下第一名山。

西汉时吴山因为靠近都城，有地利之便，曾有十一位皇帝二十三次来这里祭祀。隋文帝时建立西镇祠，敕造吴山神庙，按礼制祭祀，并派专人管理。唐时加尊号为成德公、天岳王，后唐时加尊号为灵应王，宋金时又被尊为成德王，元时加尊号为成德永靖王，明时加尊号为西镇吴山之神，清时被尊为吴岳大帝。

吴山的西镇大庙始建于隋朝，有三进院落，中轴对称格局，楼台亭阁近百间，是陕西最大古建筑之一。

南镇会稽山又名苗山、茅山，在浙江绍兴城外，山上建有南镇庙。隋开皇十四年下诏建立会稽山神祠。唐天宝十年，唐帝遣使致祭，将会稽山加尊号为永兴公；宋时尊为永济王，金时称永兴王，元时尊为昭德顺应王，明时加尊号为南镇会稽山之神，清时称南镇大帝，历代均依礼制祭祀。

北镇医巫闾山，又名广宁山，简称闾山，位于辽宁北镇。隋开皇十六年在营州龙山立祠建庙祭祀。唐天宝十年为闾山神加尊号为广宁公。宋、金时加尊号为广宁王，元时称贞德广宁王，明时称北镇医巫闾山之神，清时尊称为北镇大帝。历代依礼祭祀，香火不断。

现存的北镇庙位于医巫闾山下，规模宏大，是五大镇山中主庙保存最好的一座。经历代修葺，北镇庙现存殿宇为明清风格，庙内有元、明、清碑石题刻五十余方。

中镇霍山位于山西中部，又称霍太山、太岳山，因主峰在霍县而得名。霍山位于四镇之中央，得名"中镇"。

北魏时称霍山庙为岳庙并祭祀。隋唐时，霍山不在四镇之列，但隋开皇十四年下诏敕建霍山祠；唐天宝十年封霍山为应圣公，并遣使致祭；宋代开始祭祀五镇，霍山在祭祀之列。宋政和三年加尊号为应灵王，金元时也有封赠，明时称为中镇霍山之神，清时称为中镇大帝。

霍山上建有中镇庙。据《霍州志》记载，中镇庙始建于隋唐，宋元明清增修，为历代帝王遣使致祭之所。因霍山在唐天宝十年获尊号应圣公，故中镇庙又称"应圣公祠"。中镇庙现已被毁。

四渎之神

| 四渎之神 |

在传统的农业社会里，人们祈求风调雨顺、五谷丰登，旱灾和涝灾对农业往往是致命性的打击。于是冥冥之中，主宰行云降雨、河水不泛滥的水神成为地方性崇拜的对象。水神可能有多种形象、多重面孔，除了主宰河流的地方性河神之外，还有大量其他水神。有动物水神如龙、蛇、蛙、鱼；气象水神风伯、雨师、云中君、雷神、闪电娘子；在民间信俗的水神系统中还有在台湾、闽南、浙江乃至天津等沿海区域信众广泛的海神妈祖；镇守北方、五行主水、统领一切水族的真武大帝；管理水源的水德星君；管理海洋的四海龙王等等。

一、四渎之神的由来与祭祀

河流崇拜和山岳崇拜一样，源远流长且有强烈的地方性，同样也没有一个统治全国所有流域的河神。在祭祀河神和水神时，也有严格的层次和秩序。长江、黄河、淮河、济水这四条大河，因为是"赤地三年而不绝流，泽及百里而润草木者"，对国计民生关系重大，被称为"四渎"，由皇帝亲自或者遣使祭祀。《尔雅·释水》上说："江、河、淮、济为四渎。四渎者，发源注海者也。"长江（古称扬子江）、黄河、淮河、济水四大河流奔涌入海，流域广大，这些河的河神的"势力范围"也相应大。

汉代应劭的《风俗通义·山泽》上说：

渎者，通也，所以通中国垢浊、民陵居，殖五谷也。

江者，贡也，珍物可贡献也。

河者，播也，播为九流，出龙图也。

淮者，均，均其务也。

济者，齐，齐其度量也。

唐代始称淮河为东渎，长江为南渎，黄河为西渎，济水为北渎。明朝时封东渎为"大淮之神"，南渎为"大江之神"，西渎为"大河之神"，北渎为"大济之神"。四渎中，今存黄河、淮河、长江，而济水古代发源于今河南，流经山东入渤海，但因黄河多次改道，侵占济水故道，今天已无。今黄河下游河道就是原济水的河道。

君王祭祀四渎为代表的河川神的传统非常古远，难以追溯到最早的起源。与山神信仰一样，河神信仰最初也源于自然崇拜，在历代信徒祭祀的过程中，河神的传说和神话发展起来，河神慢慢具有了人格和人的形象。从春秋战国开始，很多地方就建有河神庙，地方性的河流崇拜非常活跃。

据《礼记·王制》载："天子祭天下名山大川，五岳视三公，四渎视诸侯。"《史记·封禅书》谈到，秦时以咸阳为都城，因此五岳四渎都在东方，秦统一天下后，命令祠官祭祀天地及名山大川，让鬼神各得其序。据《风俗通义·山泽》记载，黄河河神庙在河南荥阳县，河堤谒者掌四渎，礼祠与五岳同；江神庙在广陵江都县，淮神庙在平氏县，济庙在东郡临邑县，祭祀时，用牛犊、玉珪和其他祭品作为牺牲，在祠庙前祈祷。这些河神的庙会和盛大的迎神典礼都在冬季，即"冬赛"。

在秦代，水神的祭祀系统以秦地水系为主，其他地域的河神并未得到官方的认可。汉承秦制，基本继承了秦朝的山川之祭而有所更易。汉文帝时，提升黄河、汉水和漱水的地位，祭祀时"加玉各二"，更加具有"天下"视野，非常重视楚地的汉水和中原的黄河。

《汉书·武帝纪》载："河海润千里。其令祠官修山川之祠。"汉宣帝时，正式以四渎神作为河川代表列入国家祀典，设立专门的祭祀制度，"其令祠官以礼为岁事，以四时祠江海洛水，祈为天下丰年焉。自是五岳、四渎皆有常礼"。《旧唐书·礼仪志》称唐天宝六年（747年）封河渎为"灵源公"，济渎为"清源公"，江渎为"广源公"，淮渎为"长源公"。《宋史·礼志》称宋仁宗康定元年（1040年）诏封江渎为"广源王"，河渎为"显圣灵源王"，淮渎为"长源王"，济渎为"清源王"。《元史·祭祀志》则称元至元二十八年（1291年）加封江渎为"广源顺济王"，河渎为"灵源弘济王"，淮渎为"长源博济王",济渎为"清源善济王"。

二、黄河河神

黄河是中华文明的摇篮，历代政治中心多在黄河流域，如《史记·封禅书》所言，"昔三代之皆在河洛之间"。在众多河川之神中，黄河之神备受尊崇。黄河河水浩浩荡荡惠及沿途百姓；但黄河在早期历史上河道摇摆不定，下游水患频仍。因此在世人眼中，黄河之神喜怒无常，亦正亦邪，既受人尊崇奉祀，又受人鄙夷怨恨。

《春秋谷梁传》记载，成公五年，梁山崩，阻断河水三日不流。成王身着素缟，亲率众臣痛哭祷告祭祀，河水这才重新奔流。河伯的威权甚至在王权之上，震慑力可见一斑。

黄河有多位河神，这些河神的头衔不一。最早见于文献的黄河河神是河伯。据《九歌·河伯》描写，河伯是一位风流潇洒的贵公子："鱼鳞屋兮龙堂，紫贝阙兮朱宫，灵何惟兮水中。"《庄子·秋水》在寓言《望洋兴叹》中提到河伯，虽说寓言绝非史料，但足可见战国时河伯

黄河壶口瀑布

作为河神已经是普遍常识。

一般以为河伯名为冯夷，或称冰夷。《抱朴子·释鬼篇》里说，冯夷过河时淹死了，天帝遂任命其为河伯来管理河川。《山海经》谈到冯夷的形象是人面鱼身。

西汉张华的《博物志》有相关的一则志怪：

昔夏禹观河，见长人鱼身出曰："吾河精。"岂河伯耶？冯夷，华阴潼乡人也，得仙道，化为河伯，岂道同哉？

张华猜测这个人鱼是河伯冯夷的依据是，鱼神可能是河伯的座驾；骑鱼的人便是河神。但张华自己对这件事也并不确信。

《史记·河渠书》中提到汉武帝在治理黄河水患后作歌："为我谓河伯兮何不仁，泛滥不止兮愁吾人？"可见西汉时，河伯作为黄河神已经为世人所公认。

据《历代神仙通鉴》载，冰夷在华阴服食仙丹药石，学会了凌波泛水之道。他师从玄冥大人学混沌之法，到见有神鸟吸水洒空化为降雨。冰夷常在水旁放置鸟食，天长日久就跟灵鸟混熟了，学会了很多法术，比如采集雨露之精，能大能小，吸的时候能吸干渤海；放的时候高原足以被淹没。《神异经》谈及，他的行止十分潇洒威风，在西海上骑着高头白马，着白衣戴黑冠，有十来个童子做随从，行动如风。

《史记·滑稽列传》中记载了河伯娶亲的故事。在魏文侯时期的邺地，有俗语说："即不为河伯娶妇，水来漂没，溺其人民。"当地的三老和巫祝借着给河伯娶亲的名义趁机勒索敛财。有钱人家可以花钱免灾；穷人只能眼睁睁看着女儿被带走，坐在席子上沉入河中，尸骨无存。西门豹治理邺地时巧施妙计，借口所选的新娘不够美，将主持河伯娶亲的巫祝沉河，扭转了以妙龄女子来祭河的歪风。河伯娶亲故事的背后，是以活人祭祀河神的习俗。

《博物志》记载，孔子的弟子澹台灭明（字子羽）渡河，随身携带了千金之璧。河伯想据为己有，就兴波起浪，派两只鲛挟裹船身，子羽左手持璧，右手使剑，刺死了两只鲛。子羽渡河后，三次将璧扔回河里，但作为败军之将的河伯没脸再去抢这块璧。这个河伯嘴脸比较丑恶，但他虽然贪财，却还有点儿自尊心。《淮南子·汜论训》高诱注云："河伯溺杀人，羿射其左目。"因为河伯暴虐，后羿所为是人心所向。这些故事里的河伯和他在人间的代理人巫祝一样，贪财好色而且残忍暴烈。

《晏子春秋》中，齐景公听从占卜术士的说法，认为是山神河伯在作祟，打算祭祀灵山河伯来祈雨，晏子坚决反对，认为祭祀这些山水之神并无益处。他的说法即使放在今天也很有道理：山神河伯若是不下雨，会作茧自缚，自己首先陷入大麻烦——"天久不雨，（山将会）发将焦，身将热……（河将会）水泉将下，百川将竭……

彼独不欲雨乎？"因此，"祀之何益？"

金龙四大王是明清时期在运河流域有较广影响力的以漕运为中心的地方河神信仰。金龙四大王是南宋时江南人谢绪，他家兄弟四人，他排行第四。他成神的过程可谓是历史人物封神的一个典型。据宋元之际徐大焯的《烬余录》记载，谢绪是个秉性坚毅、以天下为己任的人，但当时还没有成神；而到明朝万历年间朱国桢所著的《涌幢小品》里，谢绪已经成神并且显灵帮助朱元璋打败了元兵。学者认为，这是朱元璋的谋士们为了提高朱元璋的权威而编造的神话。到了明朝天启年间，金龙四大王信仰越发盛行，并增加了金龙四大王显灵保护漕运和河道的内容。从此，"挽卒贩商南北往来于祠门者唯神是恃，合手称金龙四大王焉"。民间香火之盛，信徒之众，是金龙四大王信仰发展的根本。

同时，北方地方士绅极力推动金龙四大王信仰的正当化和合法化，在他们的推动下，谢绪在北方被尊奉成神。在编修地方志和营造功德碑的过程中，他们伪造敕文和封号，甚至买通地方官府，为金龙四大王伪造封号。金龙四大王的合法化过程跟大部分地方神的形成过程一样，可谓官民合力，共同营造。到了明代景泰、嘉靖年间，金龙四大王成为黄河河神和漕运之神，列入国家祀典，在河道沿岸设庙祭祀。到隆庆年间，更有兵部侍郎专程致祭。

清承明制，金龙四大王信仰在清朝进一步升级。顺治二年（1645年），河道总督杨方兴奏请为金龙四大王加封"显佑通济"四字，历代地方大员也多次申请朝廷加封，到光绪五年，金龙四大王有封号加身累计四十四字，列入国家祀典，深受尊崇。往来于运河南北的清代济宁客商，将金龙四大王信仰回传到江南一带。这些客商在江南丝织业的中心盛泽镇建会馆的时候，将有江南渊源、北方传统、国家认可、作为漕运保护神的谢绪供奉在会馆正中，这些会馆又被称为"大王庙"。其他市镇也仿造这些庙宇，于是金龙四大王作为运河、黄河之神，有了一个全国性的信仰网络。

金龙四大王庙在黄河与淮河的交汇处更是常见，比如小小的清河县居然有明清两代所建的十七座庙宇。清河县漕运发达，很多人以河为生，这也催生了金龙四大王之外的其他水神信仰，不仅有祭祀龙王、海神的祠庙，也建有大量祭祀漕运官员和治水名人的祠庙，如滑县的大王庙里除了金龙四大王谢绪，还奉祀着另外几位治水有功的先贤：战国李冰；明代张居正、黄守才；清代朱之锡。运河南岸的栗大王庙所祭祀的是栗毓美，他曾任山东河道总督，以治理黄河山东河段的泛滥而深受拥戴。在他死后，群众自发建祠祭祀，称他为黄河河神。

除河伯和金龙四大王外，

黄河还有很多地方性的河神。《古今图书集成·神异典》记载，河侯庙在滑县南一里。黄河在汉东郡决堤，汉东太守以身填之，水才慢慢退去。汉东太守死后，老百姓把他列入河侯，并修建河侯祠来祭祀他。《续文献通考》记载，金朝加郑州河阴县地方黄河神为昭应顺济圣后，赐庙额"灵德善利"，人称"河阴圣后"，每年官府委派本县长官春秋致祭。历史上被称为河神的，还有汉代相国陈平和泰逢氏。据说泰逢氏喜欢出游，出入都有光芒，能触动天地之气，能行云布雨，老百姓都认为他是吉神，也有人认为他是河神。清代治理黄河有功的大臣党柱，也被列入黄河河神的"仙班"之中。巨灵神也是黄河河神之一。晋人甘宝的《搜神记》说华山和首阳山本是一山，临河，黄河经过这里要绕山而行。河神巨灵手荡脚踏，将山分而为二，让黄河从中间流过，至今巨灵神的脚印还留在东边的首阳山下，手印留在华山，今呼为"仙掌"。

三、长江之神

与山岳崇拜那种较集中的区域特征一样，河川崇拜也具有地域性，但它也有整体性。比如长江之神，因长江流域广阔，水系庞杂，所以既有分段而治的地方江神，也有整条长江的江神。跟黄河河神相比，长江之神说法多样，形象不一。历史上朝廷册封时所封的神不一致，造成了信仰的"分流"，从而减弱了其影响力。

奇相是最有名的长江江

| 长江边的寺庙——安徽安庆迎江寺 |

神之一。《广雅》云："江神谓之奇相。"清人俞樾的《茶香室四钞》记载，蒙氏之女奇相盗窃黄帝的玄珠，在长江中溺亡，成为长江之神。宋代时遇到大雨滂沱，就有人在奇相庙中祈祷。清代的江渎庙就是奉祀奇相的。《华阳国志》说，战国时期秦国蜀郡太守李冰在彭门关立江神祠三所，到汉代时这三所江神祠仍在，并每年都有祭祀活动，《括地志》谈到，"成都县南八里"有江神庙，这个祠庙祭祀的奇相，不仅是上游长江之神，也被作为整条长江之神。奇相在唐代被封为广源公，宋代被封为广源王，元代被封为广源顺济王。

潇湘二妃也是江神之一，其直接领地是长江中游的支流湘江。传说尧的两个女儿娥皇和女英嫁给了舜，舜南巡死于苍梧，二妃奔赴哭丧，命殒湘江，于是被尊为湘水之神。屈原《九歌》所称"湘君"和"湘夫人"就是湘水之神。潇湘二妃的影响力一直覆盖到汉江和洞庭湖，也被尊崇为当地水域的水神。

又有一说，洞庭湖的湖神洞庭君是唐朝书生柳毅。传说中，柳毅本是个落榜书生，在泾阳路遇一个牧羊女，她自称是洞庭湖龙王的小女儿，嫁给了泾川龙神的次子，后被虐待休妻。龙女请柳毅传书到洞庭湖龙宫之中。柳毅不辱使命，传书于洞庭君，龙女被搭救。她见柳毅才貌双全，就以身相许，后来洞庭君让位于柳毅。柳毅担任湖神后，因文弱不能震慑水族，就戴上夜叉面具。

据《文献通考·郊社考》记载，长江下游有三水府，上水府在马当山，中水府在采石山，下水府在金山。五代十国的南唐，曾为三府水神加尊号：上水府为广佑宁江王；中水府为济远定江王；下水府为灵肃镇江王。这三个水神均有庙宇，并有信徒祭拜。

屈原是荆楚一带的水神。屈原含恨抱石自沉汨罗江而死，荆楚地区的民众立屈原祠，把他当作水神来祭祀。湖北秭归民间端午节的龙舟竞渡活动即由祭祀水神屈原的仪式发展而来，延续至今。据《三教源流搜神大全》卷二："江渎，楚屈原大夫也。唐始封二字公，宋加四字公，圣朝加封四字王，号'广源顺济王'。"

以屈原为例，祭祀水神的仪式分为民祭和公（官）祭两种。民祭在端午节龙舟安装龙头下水前，要临水以牺牲的毛血祭屈原之灵，并在开赛前游江招魂，向江中抛粽子以慰屈原之灵。赛龙舟时，所有船上划手齐唱《招魂曲》，岸边观者齐声和之。公（官）祭则由官方主持、百姓参与，往往气氛更肃穆、祭坛更神圣、祭品更丰盛、程序更严格，场面更宏大。

长江鄱阳湖口有大孤山、小孤山两座山，按谐音分别有大姑庙、小姑庙。这段水域风急浪高，容易翻船，所

以但凡船只经过，就去拜祭大姑和小姑，祈求行船平安顺利。大姑和小姑也成为这一段长江的水神。

长江流域的江西河段，崇拜一个河神名叫萧公。萧公信仰的主要文献是《大洋洲萧侯庙志》。这本书记述了江西大洋洲萧氏祖孙三代为水神的事迹。"萧侯"为萧伯轩，萧祥叔为子，萧天任为孙，当地并祀祖孙三人，俗称三人为"萧公爷爷"。相传萧伯轩生前可预知吉

汨罗屈子祠

凶，屡救他人于江湖舟楫之险，死后亦时常显灵庇佑众生，被明成祖敕封为"英佑侯"，俗称萧侯。"萧公庙"傍赣江而立，时至今日，香火仍绵延不断。四月初一是萧公诞辰，也是萧公庙的庙会节期，民间会举行隆重的祭祀活动。萧公作战中需要车马，于是大量焚烧纸马；同时，唱大戏来娱乐萧公及其家族，也娱乐一众信徒。

同样在江西临江府，还有一个河神晏公，他常常被与萧公一同奉祀。据《三教源流搜神大全》记载，晏公名戌子，江西临江府清江镇人，大元初年应选入官，后因病归故里，在途中的舟船上溘然长逝。到家后开棺检视，棺内却空无一物。父老乡亲认为他羽化升天做神仙

了，就立庙祭祀。后来传说越来越盛，晏公之灵经常在江河湖海之中显灵。渔民们和走水路的客商，凡是在江河湖泊中遇到风急浪高时，叩头跪拜向晏公祷告，就会水途安妥，舟航稳载，风恬浪静，所谋顺遂。

晏公本为江西的地方性水神，明朝时晏公信仰延伸到全国，有"九江八河之神"之誉，在长江中下游地区信仰尤盛；清代之后逐渐衰微，信仰犹存但发生了转变：在沿海地区，晏公的身份由河神转变为海神，这可能也跟"河清海晏"的字面意义有关。在妈祖信仰体系中，晏公本是海中祸害过往船只的怪物，为妈祖所降服，成为妈祖的幕僚神。

明朝朱元璋册封晏公为

长江三峡

"神霄玉府晏公都督大元帅"，命天下建庙祀之。由此，晏公这个原本江西一带的地方水神，在朱元璋的大力推广下，遂成为具有全国性影响的水神，职司为平定风浪，保障江海上的过往行船安全。于是各地纷纷建庙祀奉。后因保佑海运，晏公被封为显应平浪侯。《八闽通志》有晏公坊和晏公庙的记载。至今，福州仓山菖蒲一带仍旧有庙宇供奉晏公。

四、淮水之神与济水之神

如同黄河一样，淮水也有善恶两张脸。一般以为，有两种淮水之神。一是上古神话传说中凶恶的淮水之神，一是秦汉之后作为淮水象征而受人祭拜的神灵。

大禹治理淮水的神话中，淮水之神是无支祁（或巫支祁）。《太平广记》引用《戎幕闲谈》中的志怪故事说：大禹治水时，三次到桐柏山，当时的桐柏山狂风劲吹，惊雷炸响，巨石呼啸，树木也跟着叫嚣，神怪五伯兴波作浪，天老起兵作乱，他们都不肯服从大禹的命令。大禹恼怒之下，召集百种神灵，传召夔和龙，捉住了淮河和涡水中名叫"无支祁"的水神。无支祁能言善辩，能明辨江淮的深浅，及平原沼泽地带的远近。他的样子像猿猴，鼻子很小，额头高耸，青色身躯，白发满头。他有金色异瞳，牙齿雪白，脖子能伸百尺长，力气大过九头象，擅长攻击、搏斗、腾跃，奔跑迅速敏捷，身体轻灵飘忽。只是他不能长久地听声音，也不能长久地看东西。大禹奏乐为武器，未能降服他；庚辰上阵，才打败了他。无支祁的随从们——数以千计的鸥鸟、千年大树精以及水神山妖石怪，尖叫奔走，聚集环绕在无支祁身边。庚辰用武力将之一一驱逐。庚辰给无支祁的脖子锁上大铁链，鼻子穿上金铃，送到淮阴县的龟山脚下，让无支祁保证淮河水永远平安地流到海里。此后，过往船只上的人们都画无支祁的图形，就是想免除淮河上风雨波涛的灾难。

这个故事反映了淮河凶险，常常危及流域的百姓；故事里的河神无支祁是凶神恶煞的无赖形象。人们采用两种方法来应对淮河：一是人人盼望有大禹这样的盖世英雄来战胜淮河，而这种控制淮河的胜利不常有；二是用各种祭品来奉祀河神，讨好他。这两种截然不同的做法都对淮河之神寄予了同样的希望：淮河不再兴波作浪，危害人间。

济水之神是在秦代列入祀典的。按照《三教源流搜神大全》的说法，济水之神是伍子胥（"济渎，楚伍大夫也"）。唐代济水的尊号是"清源公"，宋代为"清源王"，元代为"清源善济王"，明代去除前代封号，称为"北渎大济之神"。济渎庙又名清源祠，位于济水发源地河南济源。济水被黄河夺取河道而仅存大清河、小清河河段。但在现存的四渎水神庙中，济渎庙是建筑规模最大、保存最完整的一座。济渎庙始建于隋开皇二年（582年），经唐宋元明历代扩建修整，到明代济渎庙的殿宇达四百余间。济渎庙山门全称为"清源洞府门"，济渎庙原有四座碑楼、东岳行祠、嵩里神祠等，建筑均已损毁。现存明洪武年间的大明诏旨碑一通，载有朱元璋封祭五岳四渎的诏文。济渎庙主殿是渊德殿，另有元君殿和三渎殿。

济渎庙

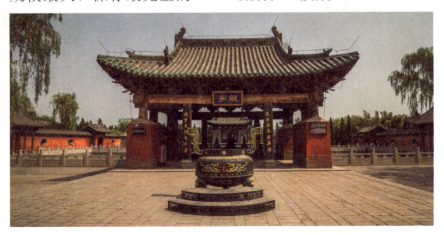

其他山川之神

| 其他山川之神 |

中国的民间信俗里，多神崇拜很常见。人们常说，举头三尺有神明。除了上文谈及的官方祭祀的岳镇海渎系统，每个地方的山河都有自己的一方神灵或者其他超自然力。大山峰高崖危、丛林幽深；江河湍急，风波险恶。山上常有独脚怪兽山魈，神出鬼没作祟山林；水里有老龟巨鲤，物老为妖，主宰一方河道。这些不可知、不可控的自然，让人油然生出敬畏之心，人们往往以为有神灵在此，庇佑或者祸乱人间。

下文拣选较有文化影响力的山川之神，略叙其由来与事迹。

"五岳三山"不仅仅指自然的山，更是中国人神话中的神仙之山。前面已经介绍了"五岳"，这里简单说一下"三山"。三仙山在古

| 清代袁耀《蓬莱仙境图》|

代文学作品中有迹可循。据《列子·汤问》载，海上原有五山：岱屿、员峤、方壶、瀛洲、蓬莱，为仙人所居。大禹迫使十五个巨鳌负载这些山，使其免于随波漂荡。龙伯国有个巨人钓起了六个巨鳌，于是岱舆、员峤两座山流向了北极，沉没在波涛之中。

到秦始皇时代，这剩下的仙山已经只知其名，却不知确踪，寻而不得。齐人徐福（又名徐市）等上书，说

海中有三座神山，名叫蓬莱、方丈、瀛洲，是仙人的居所。秦始皇曾派童男童女入海寻找，期望找到山上的不死药，但不得而终。随着道教兴起，传说中的蓬莱山被"坐实"到山东的蓬莱山。而另外两座仙山却一直是文人心中的神仙居所。诗人李白在《梦游天姥吟留别》中谈及三仙山之二，即瀛洲和天姥山："海客谈瀛洲，烟涛微茫信难求；越人语天姥，云霞明灭或可睹"。

|海上仙山|

　　秃尾巴老李是山东和东北地区的地方水神，在清末和民国时期山东人"闯关东"的移民大潮中应运而生，是山东新移民在东北的保护神。他也被称为"秃尾龙""李龙王"或者"黑龙王"。在山东和东北等很多地方，秃尾巴老李的故事被广为传颂。

　　秃尾巴老李的故事版本不一，但基本上都有如下情节：在出生地难以容身，被断尾并移居黑龙江；与当地白龙大战，得到山东老乡的大力支持，因此秃尾龙成为山东老乡的保护神；秃尾龙每年回山东给母亲上坟，非常孝顺。

　　山东尤其是胶东，是清末移民的重要移出地；而东北尤其是黑龙江，是移民移入的目的地。每个地方的故事里都以"本地"作为秃尾龙的出生之地和故事发展中地理的中心。

　　2008年山东即墨、莒县、文登、诸城共同申报秃尾巴老李的传说入选民间文学类国家级非物质文化遗产。但这四个地方并非独占秃尾巴老李的传说和信仰，在山东其他地方，秃尾巴老李的故事也代代口耳相传，并都有祭祀活动。

　　我国传统的民间信俗是一个庞杂的多神系统，山川信俗是中国民间信俗中一个非常重要的组成部分。对山川的信仰亘古既有。它发端于对崇山峻岭河流湖泊等自然界的敬畏和崇拜，同时又表达了人类对征服自然和控制自然力的渴望。若是山岭崔巍险峻，河川风波险恶，人力难以控制，人就会萌生与自然力达成和解的希冀，向山川河流之神祈祷，希望能够得到庇佑，能够驱邪避祸，人生平安祥和。这些信俗深深地扎根在一代代中国人的心里，成为中国文化的内核之一。

民间信俗与中国其他的传统文化一样，应该被认识、被尊重、被正确解读。了解这些民间信俗，有助于我国传统文化的薪火相传，也有助于我们更深刻地理解历史和民生，更有助于在当今社会，认识我们自己——作为中国人的文化底蕴。

图书在版编目（CIP）数据

山川信俗 / 任双霞编著 ；黄景春本辑主编. -- 哈尔滨 ：黑龙江少年儿童出版社，2021.10（2022.7 重印）
（记住乡愁 ：留给孩子们的中国民俗文化 / 刘魁立主编. 第十辑，民间信俗辑）
ISBN 978-7-5319-7330-0

Ⅰ. ①山… Ⅱ. ①任… ②黄… Ⅲ. ①神－信仰－民间文化－中国－青少年读物 Ⅳ. ①B933-49

中国版本图书馆CIP数据核字（2021）第200684号

记住乡愁——留给孩子们的中国民俗文化　　　　刘魁立◎主编

第十辑 民间信俗辑　　　　　　　　　　　　黄景春◎本辑主编

山川信俗　SHANCHUAN XINSU　　　　　　任双霞◎编著

出 版 人：张 磊
项目策划：张立新 刘伟波
项目统筹：华 汉
责任编辑：夏文竹
整体设计：文思天纵
责任印制：李 妍 王 刚
出版发行：黑龙江少年儿童出版社
　　　　　（黑龙江省哈尔滨市南岗区宣庆小区8号楼 150090）
网　　址：www.lsbook.com.cn
经　　销：全国新华书店
印　　装：北京一鑫印务有限责任公司
开　　本：787 mm×1092 mm　1/16
印　　张：5
字　　数：50千
书　　号：ISBN 978-7-5319-7330-0
版　　次：2021年10月第1版
印　　次：2022年7月第3次印刷
定　　价：35.00元